Herstellung und Verlag: BoD – Books on Demand, Norderstedt
ISBN: 9783750429642